infos à connaître

LES RAPACES

Piccolia

100 infos à connaître

LES RAPACES

Camilla de la Bedoyere
Consultant : Steve Parker

Piccolia

© 2010 Miles Kelly Publishing Ltd
Tous droits réservés
© 2011 **Éditions Piccolia**
5, rue d'Alembert
91240 Saint-Michel-sur-Orge
Dépôt légal : 1er trimestre 2011
Loi n°49-956 du 16 juilllet 1949
sur les publications destinées à la jeunesse.
Imprimé en Chine.

Remerciements aux artistes qui ont contribué à l'élaboration de ce titre :

Mike Foster (Maltings Partnership), Ian Jackson, Barry Jones, Mike Saunders
Couverture : Jeremy Woodhouse/Getty Images
Pages 2–3 Markus Varesvuo/naturepl.com ; 6–7 Wild Wonders of Europe/Nill/naturepl.com ; 10 Igor Shpilenok/naturepl.com, Andy Rouse/Photoshot ; 11 Tony Heald/naturepl.com, John Cancalosi/naturepl.com ; 15 Markus Varesvuo/naturepl.com ; 16 Juan Carlos Munoz/naturepl.com ; 18 Shawn P. Carey (Migration Productions) ; 19 Laurie Goodrich, Hawk Mountain Sanctuary, USA ; 20–21 A & J Visage/Alamy ; 22 javarman/Fotolia.com ; 23 Jordi Bas Casas/Photoshot ; 24–25 Markus Varesvuo/naturepl.com ; 24 Arthur Morris/Corbis ; 27 Luis Quinta/naturepl.com ; 29 Imagebroker, Bernd Zoller, Image/FLPA ; 30 Jordi Bas Casas/Photoshot ; 31 blickwinkel/Alamy ; 33 Ramon Navarro/Minden Pictures/FLPA ; 34–35 W. Perry Conway/Corbis ; 37 Roger Tidman/FLPA ; 39 Sandor H.Szabo/epa/Corbis ; 42(t) Peter Arnold, Inc./Alamy, David Norton/rspb-images.com ; 44 Ralph Clevenger/Corbis ; 45 Frans Lanting/FLPA ; 46 John Cancalosi/naturepl.com ; 47 M. Watson/Ardea, Mark Newman/FLPA, digitalSTOCK, digitalvision, Nathalie Coët

Imprimé sur papier issu de forêts gérées durablement.

Sommaire

Les chasseurs du ciel 6

Vue perçante 8

Habitat… 10

Petits et grands 12

Techniques de vol 14

Se reproduire 16

Ici et ailleurs 18

Armes de chasse 20

Nettoyeurs de la nature 22

Modes alimentaires 24

Dévoreurs de serpents 26

Les aigles 28

Milans et buses 30

Les faucons 32

Éperviers et busards 34

Les chasseurs de la nuit 36

Au travail… 38

Les oiseaux de légende 40

Observation et identification 42

Rapaces en danger 44

Protection des espèces 46

Index 48

Les chasseurs du ciel

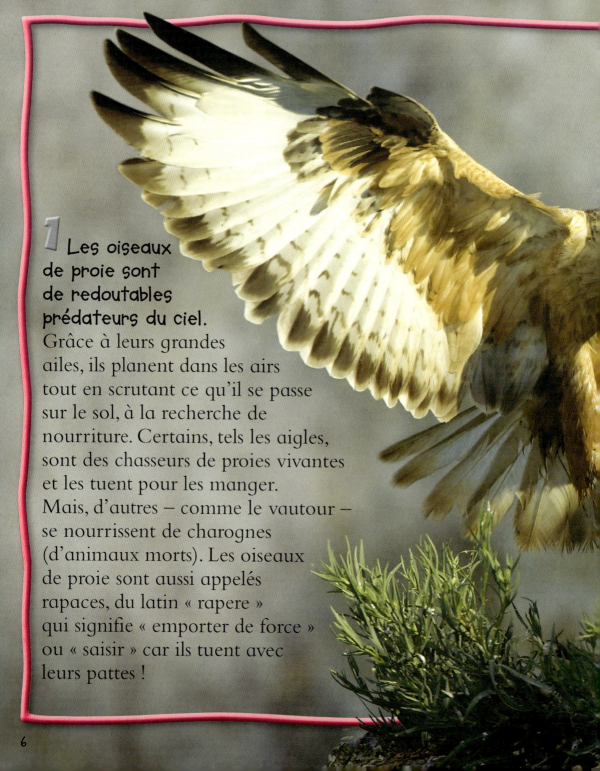

1 Les oiseaux de proie sont de redoutables prédateurs du ciel. Grâce à leurs grandes ailes, ils planent dans les airs tout en scrutant ce qu'il se passe sur le sol, à la recherche de nourriture. Certains, tels les aigles, sont des chasseurs de proies vivantes et les tuent pour les manger. Mais, d'autres – comme le vautour – se nourrissent de charognes (d'animaux morts). Les oiseaux de proie sont aussi appelés rapaces, du latin « rapere » qui signifie « emporter de force » ou « saisir » car ils tuent avec leurs pattes !

▼ Ici, une buse féroce rapporte de la nourriture à ses oisillons. Nichant sur les saillies rocheuses des falaises, ce rapace se nourrit de petits mammifères, de reptiles et de gros insectes.

Vue perçante

2 **Comme tous les chasseurs, les rapaces possèdent des armes redoutables.** Ils ont des sens aiguisés, un corps musclé, un bec crochu et des pattes aux serres acérées. Capables de détecter une proie à grande distance, ils effectuent des attaques mortelles avec adresse et précision. Certains peuvent atteindre de très grandes vitesses de vol !

▼ L'aigle royal est un grand oiseau, mesurant deux mètres d'envergure (distance entre les deux extrémités des ailes).

Grandes plumes rigides (appelées les rémiges primaires) situées à l'extrémité des ailes

Plumage brun roux

3 **Les rapaces volent très haut au-dessus du sol.** Non seulement le ciel leur permet d'avoir un large champ de vision pour repérer les proies mais c'est également un endroit sûr car peu de leurs ennemis peuvent voler si haut ! Ceci dit, même sur terre, ces oiseaux sont des adversaires de taille pour la plupart des animaux prédateurs.

4 **Avoir une bonne vue est indispensable pour les rapaces.** Ils doivent être capables de repérer une proie dans l'herbe ou cachée dans les rochers et ce, souvent à grande distance. Ils ont des yeux munis de cellules très sensibles à la lumière. Situés près du front, ces yeux leur permettent de bien voir devant, sur les côtés et en partie vers l'arrière.

▼ Les rapaces ont des grands yeux orientés vers l'avant, ce qui leur procure un large champ de vision.

Champ visuel binoculaire

Vision périphérique

Seule une petite zone dite aveugle est située à l'arrière de l'oiseau

QUIZ

Parmi ces animaux, lesquels sont des prédateurs et lesquels sont des proies ?

Le léopard   Le phacochère
L'aigle   Le crocodile
La tortue   Le gnou

Réponses :
Les prédateurs : le léopard, l'aigle, le crocodile.
Les proies : le phacochère, la tortue, le gnou.

5 **Le corps des rapaces est puissant.**
Il leur permet d'attraper et de tuer leur proie, mais pour cela, ils ont besoin d'énergie pour voler. C'est pourquoi la majorité de ces oiseaux ont un régime carnivore, la viande étant un aliment riche, idéal pour le développement et le fonctionnement de leurs muscles.

Ailes larges

Pygargue à queue blanche
Grand bec massif

Plumage clair de la calotte

Gros bec crochu

▶ L'aigle et le vautour ont un gros bec crochu alors que celui du faucon est bien plus petit. Le bec et les griffes d'un oiseau sont constitués d'une substance dure, la kératine, comme nos ongles.

Grande queue

Vautour percnoptère
Long bec crochu

Pattes puissantes aux serres pointues

Certains rapaces transportent leur proie dans un lieu sûr pour la manger mais d'autres la dévorent directement sur place, là où elle a été tuée !

6 **Les rapaces ont un odorat peu développé voire inexistant.** Seuls certains charognards, comme l'urubu à tête rouge, sont capables de repérer les cadavres d'animaux gisant à terre grâce à l'odeur qu'ils dégagent !

Faucon gerfaut
Bec court en forme de crochet pointu

Habitat...

▲ Le pygargue de Steller se nourrit principalement de poisson : cet oiseau de proie habite donc à proximité des rivières, des lacs et des littoraux. Il se reproduit uniquement sur les côtes russes de l'océan Pacifique.

7 **Les régions sèches ou tropicales abritent de nombreuses espèces de rapaces.** Ils vivent dans les prairies arides, les forêts humides et les régions côtières. Certains arrivent même à survivre dans des zones très froides…

▼ Le faucon pèlerin est l'un des oiseaux de proie les plus répandus : on le trouve sur tous les continents excepté l'Antarctique.

8 **Les rapaces vivent dans le monde entier, sauf en Antarctique.** Aucun ne peut survivre aux conditions glaciales du cercle polaire sud car la nourriture y est très rare. Cependant, certains sont capables de se nourrir et d'endurer le froid de l'Arctique (zone autour du pôle Nord). C'est le cas du harfang des neiges, du faucon pèlerin et du pygargue à queue blanche. Mais tous migrent vers des régions plus chaudes lors de la saison extrême où les températures peuvent dépasser les − 50 °C !

▶ Des vautours et un chacal luttant pour la carcasse d'un zèbre dans la savane africaine.

▶ Comme les arbres sont rares dans les déserts, cette famille de buses de Harris s'est construite un nid au creux d'un cactus !

9 **On peut trouver une même espèce dans différentes parties du monde.** Le balbuzard pêcheur et le faucon pèlerin sont présents en Amérique, en Afrique, en Asie, en Europe et en Australie. Le balbuzard pêcheur habite près des cours d'eau alors que le faucon pèlerin aime les collines, les falaises voire même les villes.

10 **La chouette effraie est présente dans de nombreuses parties du monde.** Elle fait son nid dans les arbres mais préfère les vieux bâtiments : souvent, elle s'installe dans des granges ou des clochers d'église, endroit où elle n'est pas dérangée et peut trouver des petits rongeurs pour se nourrir.

11 **La buse de Harris chasse dans les milieux semi-arides d'Amérique centrale et du Sud.** Leurs proies sont petites mais très agiles : elles se cachent pour ne pas être vues et se protéger du soleil… ce qui les rend difficiles à repérer. Mais la buse de Harris arrive à les débusquer car elle chasse en groupe, non seulement pour les trouver mais aussi pour les tuer !

Petits et grands

12 **Le plus grand oiseau de proie est le condor des Andes.** Son envergure peut atteindre 3,20 m chez les mâles. C'est l'oiseau qui possède les plus grandes ailes, lui permettant de planer au-dessus des montagnes, à près de 5 500 m d'altitude et ce, grâce aux courants aériens.

Le condor des Andes
Longueur du corps : 120 cm
Envergure moyenne : 3 m

▶ Les ailes représentées ici sont à l'échelle. Les rapaces aux grandes ailes peuvent planer et parcourir de longues distances mais ceux qui ont des ailes plus petites sont plus agiles en vol et chassent donc plus rapidement.

Un fauconnet moineau

13 **En Europe, l'un des plus grands rapaces est le pygargue à queue blanche.** Son habitat va du Groenland à la Turquie mais environ 10 000 ne vivent qu'à l'état sauvage. Longtemps chassé et empoisonné, cet oiseau a failli s'éteindre… mais fort heureusement, il est désormais protégé dans de nombreux pays. En Australie, le plus grand rapace est l'aigle d'Australie dont la taille peut atteindre 1 m de long et une envergure de 2,30 m.

◀ Grâce à sa petite taille, le fauconnet moineau peut facilement s'élancer comme une flèche à travers la forêt pour chasser.

14 **Le plus petit des oiseaux de proie est le fauconnet d'Asie du Sud-Est.** Il en existe cinq espèces mais les plus petits sont celui de Bornéo et le fauconnet moineau. Ne mesurant que 14 à 18 cm de long du bec et la queue, la plupart se nourrissent d'insectes. Cependant, le plus grand – le fauconnet noir et blanc – peut attraper des petits animaux.

COMPARAISON…
À l'aide d'un mètre, compare ta taille avec celle des oiseaux présentés sur cette page. Si tu étais debout à côté d'un grand duc d'Europe, arriverait-il au niveau de tes hanches ? Et les bras ouverts, quelle est ton envergure par rapport au condor des Andes ?

Le grand duc d'Europe
Longueur du corps : 70 cm
Envergure moyenne : 1,70 m

15
Certains hiboux sont de grands rapaces. Le hibou grand duc d'Europe mesure environ 70 cm de long. Bien que son alimentation soit principalement constituée de scarabées et de petits rongeurs, il est suffisamment puissant pour s'attaquer à un faon. Capable de chasser dans les forêts, il préfère néanmoins les espaces ouverts.

La buse variable
Longueur du corps : 50 cm
Envergure moyenne : 125 cm

16
Le plus grand rapace ayant existé fut probablement l'aigle géant de Haast. Il a habité la Nouvelle-Zélande jusqu'en 1400. Il y a six millions d'années, un oiseau géant nommé *Argentavis* vivait dans l'Argentine actuelle. Il ressemblait à un gros condor et mesurait plus de 7 m d'envergure !

Le fauconnet moineau
Longueur du corps : 15 cm
Envergure moyenne : 30 cm

Techniques de vol

17 Les rapaces ont un énorme avantage sur d'autres grands prédateurs : ils volent ! Dans les airs, ils cherchent leur nourriture, un ou une partenaire pour se reproduire et un lieu sûr pour faire leur nid.

18 Le corps des oiseaux est parfaitement adapté pour le vol. Leur squelette est constitué d'os légers quasiment creux mais solides. La grande taille de leur cœur et de leurs poumons leur permet de recevoir beaucoup d'oxygène à chaque inspiration, donc d'être très endurants.

Crâne

Humérus semblable à l'os supérieur de notre bras

Bréchet situé sur le sternum où sont fixés les grands muscles qui servent à voler.

Côtes

Métacarpe formé de cinq os (comme celui de nos mains)

Ailes étroites se finissant en pointe

Les battements d'ailes sont rapides et légers.

Les longues plumes de la queue se déploient pour assurer la stabilité de l'oiseau lorsqu'il vole sur place, à l'affût de nourriture.

▶ Le faucon crécerelle est capable de faire du surplace car, hormis sa musculature puissante, il a un squelette léger, flexible et solide.

INCROYABLE !

Le faucon hobereau est l'un des plus rapides et acrobatiques : il peut zigzaguer dans les airs et plonger en piqué, fonçant vers le sol à grande vitesse pour n'ouvrir ses ailes qu'à quelques mètres du sol pour atterrir !

19 Le faucon crécerelle vole en donnant l'impression d'être immobile. En se plaçant face au vent, il fait du surplace dans les airs ; il déploie sa queue et les plumes de l'extrémité des ailes se recourbent, assurant ainsi sa stabilité. Cette manière de voler s'appelle le « vol Saint-Esprit ». Avant de se lancer à l'attaque d'une proie, il baisse la tête pour bien la repérer sur le sol.

20 **Les rapaces aux longues ailes larges sont capables de planer dans le ciel.** Ils ont aussi une grande queue en forme d'éventail qui, avec les ailes, capte l'air comme un parachute. En s'envolant, ces oiseaux (tels l'aigle ou le vautour) profitent des courants aériens pour s'élever très haut dans le ciel. En effet, l'air chauffé par le soleil devient plus léger que l'air froid et monte, créant des courants ascendants qui permettent à l'oiseau de monter et de planer très haut au-dessus du sol !

Une fois réchauffé par le soleil, l'air au sol devient plus léger.

L'air chaud monte en créant des courants ascendants.

En prenant ces courants ascendants, les grands oiseaux volent très haut et peuvent planer.

▲ Les courants thermiques (ou ascendants) sont des courants d'air chaud qui s'élèvent. Les grands oiseaux de proie les utilisent pour atteindre des altitudes élevées.

21 **Lors de la période de reproduction, certains rapaces mâles effectuent des vols de parade.** Ces vols leur permettent d'attirer les femelles ou de marquer leur territoire. Pour ce faire, ils décrivent de grands cercles ou plongent en piqué toutes ailes rabattues puis remontent, tout cela à grande vitesse !

▶ Pendant la période d'accouplement, un aigle royal mâle plonge sur une femelle qui lui tourne le dos. Puis, ils se battent avec leurs serres sans se blesser.

Se reproduire

22 **Comme tous les oiseaux, les rapaces pondent des œufs, généralement dans un nid.** La femelle le construit dans les arbres ou sur des falaises. Certains rapaces reviennent nicher au même endroit, améliorant leur nid de brindilles d'année en année !

▶ Le balbuzard pêcheur utilise le même nid d'année en année en y ajoutant des brindilles... il peut devenir énorme !

23 **Les grands rapaces ne pondent qu'un ou deux œufs par an !** Nourrir un oisillon n'est pas chose facile pour les parents car il est très vorace. Si leur progéniture était plus nombreuse, ils ne parviendraient pas à trouver suffisamment de nourriture pour tous et certains oisillons mourraient. Ceci dit, les rapaces de petite taille pondent plus d'œufs que les grands.

24 **La femelle pond un œuf à la fois et chaque ponte peut être espacée de plusieurs jours.** Chez de nombreuses espèces, pendant que la femelle protège les œufs puis les oisillons, le mâle s'occupe d'apporter les petits animaux qu'il a chassés pour nourrir sa famille. À sa naissance, l'oisillon est couvert d'un fin plumage appelé le duvet.

QUIZ

Le nid d'un rapace, notamment de l'aigle, s'appelle l'aire. Associe ces animaux à leur maison :

- La tanière
- La ruche
- Le terrier
- La toile
- L'araignée
- Le lapin
- L'abeille
- L'ours

Réponses : La tanière/l'ours ; la ruche/l'abeille ; le terrier/le lapin ; la toile/l'araignée

▼ Un faucon pèlerin sort de son œuf.

▶ Au deuxième jour, l'oisillon est duveteux et pépie pour réclamer à manger.

25 **Si la nourriture se fait rare, seul un oisillon est nourri et les autres meurent.** Par exemple, les aiglons se battent entre eux. Le nid, mesurant en moyenne 1,80 m de large, n'est pourtant pas assez grand pour que le plus faible en tombe, poussé par le plus fort ! D'ailleurs, s'il a très faim, ce dernier peut dévorer son frère ou sa sœur ! Un petit rapace, comme le faucon émerillon, acquiert son plumage adulte en quelques semaines et est capable de voler. Mais, il faut plus de quatre mois aux oisillons du vautour pour atteindre cette étape.

26 **Un jeune peut rester sous l'aile de ses parents pendant quelques mois.** Il apprend à chasser tout en étant nourri par ses parents. Une fois indépendant et assez grand pour s'accoupler, il quitte le nid pour chercher un ou une partenaire avec qui il restera fidèle toute sa vie.

▶ Au 28ᵉ jour, le duvet du jeune oiseau tombe et est remplacé par le plumage adulte.

▶ D'un plumage brun, le jeune faucon pèlerin possède des taches sur la tête plus claires que les oiseaux plus âgés.

Ici et ailleurs

Crécerelle d'Amérique   Faucon pèlerin

27 **Certains rapaces volent sur de longues distances (migrent) à la recherche de nourriture ou d'endroits pour se reproduire.** Généralement, ceux qui habitent près de l'équateur ne migrent pas car leur habitat tropical est riche en nourriture et les températures y sont chaudes toute l'année.

28 **Les petits animaux habitant les régions froides nordiques luttent pour survivre.** Beaucoup hibernent (dorment) pendant l'hiver et les rapaces se retrouvent donc sans nourriture. Affamés, ils se déplacent vers des régions plus chaudes. L'aigle royal, le faucon gerfaut et l'autour restent dans leur habitat nordique, excepté ceux qui vivent dans l'extrême nord.

◀ En migrant, les oiseaux de proie suivent chaque année le même itinéraire. Sur cette carte, en voici quelques-uns représentés.

▼ Chaque année, des personnes se rassemblent pour observer la migration des oiseaux à Hawk Mountain (États-Unis).

29 **Les oiseaux migrateurs survolent les terres et non les mers.** Les courants d'air chaud, qui permettent à ces grands oiseaux de planer sur de longues distances, se forment sur les continents et non sur les océans… c'est pourquoi l'itinéraire des rapaces se trouve au-dessus des terres. Pour traverser les continents, ils empruntent des bandes de terre et des lieux de passage, comme Gibraltar (point de rencontre entre l'Europe et l'Afrique) ou la côte de la mer Noire.

Buse de Swainson   Faucon crécerelle   Faucon gerfaut

▲ Les itinéraires suivis par ces oiseaux migrateurs sont représentés en pointillés blancs sur la carte.

INCROYABLE !

L'aigle pomarin peut parcourir jusqu'à 290 km par jour lors de sa migration entre l'Europe et l'Afrique du Sud. Ne voyageant que la journée, il ne prend son envol que tardivement le matin vers 10 h.

31 Comment les oiseaux migrateurs retrouvent-ils leur itinéraire chaque année ? On pense qu'ils s'orientent par rapport au soleil et qu'ils ont des points de repère. En effet, ils reconnaîtraient leur chemin grâce à leur excellente vue qui leur permettrait de se souvenir des endroits au-dessus desquels ils sont passés l'année précédente !

30 La plus grande migration de rapaces passe au-dessus de Veracruz, au Mexique. Plus de cinq millions d'oiseaux sont observés en vol au-dessus de cette région chaque automne – dont 2,7 millions d'urubus à tête rouge et 2,4 millions de petites buses.

◀ Une immense volée de petites buses migratrices passant au-dessus de Veracruz (Mexique).

Armes de chasse

INCROYABLE !

L'aigle royal est un grand oiseau qui se nourrit de lapins, de tortues, de renards, d'oiseaux, de reptiles et même de faons !

32 **Hormis leur vue très développée, les prédateurs doivent être rapides pour attraper et tuer leurs proies.** Le corps d'un rapace est vraiment idéal pour repérer et tuer… mais il faut du temps pour apprendre à chasser puis beaucoup de pratique et de patience !

33 **Les principales armes des rapaces sont leurs pattes et leur bec.** Le bec est généralement crochu dont le bout est très pointu. Ceux qui chassent d'autres oiseaux en vol (comme les faucons, les buses et les hiboux) possèdent souvent un petit bec. Mais les rapaces prédateurs d'animaux plus grands sont munis d'un long bec puissant.

◀ La chouette hulotte a un doux plumage qui assourdit le bruit et lui permet de s'envoler en silence.

▼ Les doigts de l'aigle royal se terminent par des serres dont l'oiseau se sert pour transpercer la chair de ses proies.

34 **Les pattes des rapaces ont des griffes, appelées serres, bien adaptées à la chasse.** Chaque patte possède quatre doigts puissants formés d'écailles : trois sont situés vers l'avant et un vers l'arrière. Pour saisir une proie, l'oiseau replie ses doigts, comme une main munie de nombreux poignards !

Les griffes pointues du balbuzard pêcheur lui permettent d'attraper un poisson glissant.

Lorsque l'effraie des clochers saisit sa proie, ses doigts s'écartent en grand pour avoir une meilleure prise.

L'urubu noir n'a pas besoin d'avoir de serres très pointues car il se nourrit principalement de charognes.

▲ La forme des griffes des rapaces diffère en fonction des proies qu'ils mangent et de leur technique de chasse.

35 **En observant les pattes d'un rapace, on peut savoir comment il chasse !** Les oiseaux qui ont des pattes courtes et de petits doigts tuent généralement leurs proies à terre. Mais ceux aux longues pattes avec de grands doigts et des serres très effilées chassent en attrapant leur victime dans les airs. Enfin, ceux qui possèdent un doigt arrière particulièrement gros sont capables de saisir de grandes proies (lapins, faons…).

▶ Les battements rapides des ailes de la chouette lui permettent de changer très vite de direction.

36 **La chouette hulotte chasse la nuit.** Attendant patiemment sur une branche d'arbre, elle épie de ses grands yeux le moindre mouvement de ses petites proies. Une fois sa victime repérée, la chouette s'élance à sa poursuite à la vitesse de l'éclair. Parfois, il lui arrive de battre des ailes pour effrayer les chauves-souris perchées dans l'arbre puis les attaque !

▶ La chouette hulotte déploie ses ailes au-dessus de son corps pour saisir et tuer sa proie avec son bec et ses pattes.

Nettoyeurs de la nature

◀ Des vautours et un marabout d'Afrique dévorent la carcasse d'un animal mort.

37 **Tous les rapaces ne chassent pas des proies vivantes.** Certains se nourrissent d'animaux morts ; on les appelle des charognards. Pour certains, ce n'est qu'occasionnel (quand ils ne trouvent pas de proies vivantes) mais d'autres ne se nourrissent que de cadavres !

38 **Les vautours sont des oiseaux charognards.** Souvent, ils ont la tête et le cou chauves car en fouillant les cadavres, leurs plumes sur cette partie du corps seraient constamment tachées de sang. Donc, ils n'en ont pas ! Les vautours attendent que des prédateurs comme les lions ou les hyènes aient fini leur repas pour se jeter sur la carcasse qu'ils leur laissent.

sarcoramphe roi

gypaète barbu

vautour oricou

▶ Les vautours fauves adultes ont des plumes blanches sur le cou, un bec jaune pâle et des yeux orangés. Les jeunes possèdent un plumage plus foncé, un bec et des yeux bruns.

39 Après avoir bien mangé, le vautour fauve aime se baigner pour nettoyer le sang qu'il a sur la tête et le cou ! À la recherche de nourriture, il survole pendant des heures les plaines et ce, en groupes dont certains peuvent atteindre une quarantaine d'oiseaux. Il leur arrive d'attaquer et d'effrayer les autres prédateurs afin de se nourrir des restes de leur repas.

40 Les vautours sont des oiseaux intelligents... Parfois, l'urubu à tête rouge survole les routes ou se tient perché à proximité, attendant patiemment qu'un animal soit heurté par un véhicule. Quand le vautour percnoptère a du mal à ouvrir les œufs d'autres oiseaux dont il se nourrit, il utilise une pierre pour les casser !

◀ En règle générale, les vautours ont de longs cous fins mais musclés qui leur permettent de plonger leur tête dans la carcasse. Puis, ils déchiquettent la viande dure de la charogne en morceaux avec leur grand bec.

41 Les vautours africains se nourrissent à tour de rôle : le plus grand de tous, le vautour oricou, a un grand bec qui lui permet de déchiqueter la peau et la chair. Il se nourrit donc souvent en premier. Puis, vient le vautour charognard : il le suit en général pour attraper la chair plus tendre alors que le gypaète barbu ne se contente que des restes.

◀ Peu d'oiseaux sont suffisamment intelligents pour utiliser des outils... mais le vautour percnoptère est capable de briser les coquilles d'œuf avec des pierres !

Modes alimentaires

42 **Certains rapaces ont une alimentation particulière :** le vautour indien aime manger les grenouilles ; les milans des marais extraient les escargots de leur coquille avec leur bec courbé et le palmiste africain se nourrit des fruits du palmier !

▲ Quand le balbuzard pêcheur plonge dans l'eau pour attraper un poisson, ses narines se ferment pour empêcher l'eau d'y entrer. Il emporte sa proie jusqu'au nid pour la manger en paix ou nourrir ses petits.

▶ Le milan des marais vit dans les zones humides d'Amérique du Sud et se nourrit d'escargots d'eau, de tortues et de crabes mais aussi de petits rongeurs.

43 **Pêcher un poisson depuis les airs demande une grande expérience !** Certains oiseaux survolent l'eau à la recherche d'un mouvement à la surface. Une fois le poisson repéré, l'oiseau descend en piqué et plonge ses pattes dans l'eau pour l'attraper. Pour cela, il faut avoir une bonne vue, un corps agile et être très rapide !

44 **Le balbuzard pêcheur est un mangeur de poisson.** Cet oiseau niche près des lacs et des rivières ou à proximité des zones côtières peu fréquentées. Il survole l'eau jusqu'à 30 mètres d'altitude et guette les poissons. Après avoir repéré sa proie, il plonge les ailes à demi fermées puis étire ses pattes et ses serres juste avant de toucher l'eau.

45 L'aigle d'Australie se nourrit de poissons mais aussi de canards ! Il chasse à l'affût, perché sur un arbre. Une excroissance aiguisée sur ses pattes, appelée un spicule, lui permet d'attraper les proies glissantes.

46 Le régime alimentaire du gypaète barbu est composé d'os et de restes laissés par d'autres prédateurs. Pour briser un gros os, il le prend dans ses serres, s'envole très haut dans le ciel (jusqu'à 80 m d'altitude) puis le lâche. En tombant, l'os se brise et il ne reste plus qu'au rapace de revenir au sol pour en déguster l'intérieur !

PISCIVORES
Les manchots sont des oiseaux incapables de voler qui attrapent des poissons pour se nourrir. Cherche où ils vivent et de quelle manière ils pêchent. En quoi leur corps est-il différent de celui des oiseaux de proie ?

▶ À haute altitude, le gypaète barbu lâche son os pour qu'il se brise à terre puis vient manger la moelle qui se trouve à l'intérieur. Il fait de même avec les tortues !

Dévoreurs de serpents

Plumes de vol noires

Plumes noires de la crête

Plumage gris sur le corps

Doigts aux serres acérées

Longues pattes

47 **Le messager sagittaire n'est pas un rapace comme les autres.** Majestueux, il a de grandes pattes qui lui permettent d'enjamber les hautes herbes de la savane africaine, à la recherche d'insectes ou autres animaux pour se nourrir. Dès qu'il trouve une proie, il l'écrase avec ses pattes et la pique de son bec pour la tuer.

48 **Le messager sagittaire mange aussi des serpents, dont des espèces venimeuses comme le cobra ou la vipère.** Lorsqu'il repère un serpent dans la végétation, le messager sagittaire court vers lui et l'écrase en lui infligeant un coup de patte sur la tête. Un vif coup de bec sur l'arrière du cou permet en général de l'achever. Si sa proie ne meurt pas, l'oiseau l'attrape dans son bec, l'emmène dans le ciel et la lâche d'une haute altitude : le serpent n'a aucune chance de survivre !

▶ Un messager sagittaire mâle peut atteindre 1,40 mètre de hauteur. Il est nommé « serpentaire » ou « secrétaire » (nom venant peut-être de sa crête aux longues plumes noires sur la tête qui font penser aux anciennes plumes à encre.)

49 Les serpents ne peuvent pas lutter contre un messager sagittaire. Ce prédateur court très vite et ses pattes, recouvertes d'écailles épaisses, le protègent des morsures. Si un serpent lui résiste trop longtemps, le messager sagittaire déploie ses ailes pour former un bouclier. Le battement des ailes effraie le serpent et s'il mord une plume, l'oiseau n'en subit aucune blessure. Ils chassent souvent par deux et peuvent parcourir plus de 25 km chaque jour pour trouver de la nourriture.

QUIZ

1. Quelle taille peut atteindre un messager sagittaire mâle ?
2. De quoi sont recouvertes les pattes du messager sagittaire ?
3. De combien de serpents par jour a besoin une famille de circaètes Jean-le-Blanc ?

Réponses : 1. environ 1,40 m ; 2. d'écailles épaisses ; 3. au moins cinq

▶ Le circaète Jean-le-Blanc nourrit ses petits à l'appétit féroce avec des serpents morts.

50 Quand il se sent en danger ou veut plaire à un ou une partenaire, le messager sagittaire déploie ses plumes d'apparat. Les mâles comme les femelles ont des plumes grises sur le corps mais celles situées en haut de leurs grandes pattes sont noires… leur donnant l'impression de porter un short !

51 Peu d'oiseaux de proie mangent des serpents, excepté le circaète Jean-le-Blanc qui ne se nourrit pratiquement que de cela. Il s'attaque à des serpents plus ou moins venimeux, pouvant mesurer jusqu'à 2 mètres de long. Une famille de circaètes Jean-le-Blanc a besoin d'au moins cinq serpents par jour… c'est pourquoi les adultes passent beaucoup de temps à chasser leurs proies !

Les aigles

52 Ce sont des oiseaux trapus aux grandes ailes et aux pattes musclées, munis d'un bec et de serres puissants. En règle générale, ils sont plus petits que les vautours mais plus gros que la plupart des autres rapaces. Il en existe environ 60 espèces dont notamment l'aigle pêcheur, l'aigle royal, la harpie féroce et le pygargue à tête blanche.

53 Ces oiseaux vivent dans toutes les régions du monde excepté l'Antarctique. L'aigle royal est l'une des espèces les plus répandues. On en dénombre à travers le monde environ un million d'individus. Ils vivent en Amérique du Nord, en Europe et en Asie, près des montagnes, des forêts et des falaises. Le serpentaire des Nicobar est un aigle rare : habitant sur une petite île proche de l'Inde, il ne doit pas en rester plus d'un millier !

54 Les aigles ne sont pas aussi agiles que certains autres rapaces. Quand ils chassent, ils sont certes capables de planer et de descendre en piqué mais ne savent pas faire du surplace ou plonger dans l'eau. Souvent, ils sont perchés sur un arbre ou une falaise pour repérer une proie puis s'élancent en piqué pour la tuer.

▼ Les aigles utilisent les courants thermiques pour gagner de l'altitude et planer dans le ciel.

1. L'air chaud s'élève et forme un courant thermique.

2. L'aigle utilise ces courants pour atteindre une bonne altitude et repérer sa proie.

3. Après l'avoir repérée, il descend en piqué. Arrivé près du sol, l'aigle tend ses pattes vers l'avant pour saisir sa proie.

4. Il s'envole avec sa victime fermement maintenue dans ses serres.

55 Les forêts denses d'Amérique du Sud sont l'habitat de l'impressionnante harpie féroce. Énormes, ces oiseaux peuvent atteindre un mètre de long avec une envergure de 2 mètres. La harpie féroce possède deux crêtes pointues sur le dessus de la tête et ses griffes ont la taille de celles d'un ours grizzly ! Elle chasse de gros animaux vivant dans les arbres, comme les paresseux ou les singes.

▲ Les plumes de la harpie féroce mâle sont grises sur la tête, noires sur le ventre et le dos. Le plumage des femelles est plus clair.

INCROYABLE !
La harpie féroce doit certainement son nom aux Harpies de la mythologie grecque qui avaient le pouvoir de faire disparaître les humains. Avec un visage de femme, leur corps était celui d'un vautour !

56 Le pygargue à tête blanche est l'emblème national des États-Unis. Il est facilement reconnaissable à sa tête et sa queue blanches ainsi qu'à son bec jaune. Les jeunes ont un plumage totalement brun ; les marques blanches n'apparaîtront que vers l'âge de quatre à cinq ans. Il mange de tout, même des charognes ou des poissons qu'il dérobe aux autres oiseaux !

▶ Le mâle et la femelle du pygargue à tête blanche se ressemblent beaucoup hormis leur taille : en règle générale, les femelles sont un peu plus grandes que les mâles.

Milans et buses

57 Les milans sont des rapaces au bec court avec une queue et des ailes fines et longues. Habitant partout dans le monde (sauf en Antarctique), ces oiseaux ont un vol majestueux et lent. Ils se nourrissent principalement d'insectes, de rongeurs et de poissons.

58 Le milan noir est omnivore : il se nourrit de végétaux mais aussi d'animaux. Il peut même faire un repas avec le contenu de nos poubelles ! Cet oiseau vit en Afrique, en Australie, en Europe et dans certaines régions d'Asie, près des fermes et de l'eau ou proche des villes. Le milan royal est plus rare et n'est présent que dans certaines régions d'Europe.

◀ Pour voler, le milan à queue fourchue bat très lentement des ailes et se sert de sa queue comme d'un gouvernail pour changer rapidement de direction.

59 Le milan à queue fourchue vit dans les forêts tropicales d'Amérique du Sud. Ses longues ailes fines et sa queue fourchue lui donnent l'aspect d'une hirondelle. Cet oiseau peut descendre en piqué, glisser dans les airs et planer, tout en changeant rapidement de direction pour poursuivre une proie. Il construit son nid au sommet des grands arbres.

◀ Le milan royal chasse dans les prairies mais se nourrit aussi de déchets et de cadavres.

60 **La buse est un rapace assez gros avec de grandes ailes et une longue queue arrondie.** En vol, elle bat des ailes avec lenteur et élégance. Elle se nourrit de petits mammifères et d'insectes. Également appelée la buse bondrée, la bondrée apivore se nourrit principalement de guêpes et d'abeilles : elle éventre les ruches avec ses serres et son bec puis dévore les larves, et les insectes adultes. Ses narines étroites et les poils raides qu'elle a entre les yeux la protègent des piqûres.

61 **La buse de Swainson passe ses étés aux États-Unis mais migre vers le sud en hiver.** Lors de la période de reproduction, elle se nourrit de souris, d'écureuils et de reptiles. Mais le reste de l'année, elle se contente d'insectes (sauterelles, scarabées...). Souvent, on peut la voir marcher seule sur le sol à la recherche de nourriture. Ceci dit, il lui arrive de chasser en petit groupe.

◀ Une buse variable se nourrit d'une proie qu'elle tient entre ses serres pour la déchiqueter de son bec. Il existe plus de 30 espèces de buses qui appartiennent au groupe (genre) de rapaces nommé *Buteo*.

QUIZ

1. Quel milan ressemble à une hirondelle ?
2. Quelle buse mange les guêpes et les abeilles ?
3. Quelle buse chasse parfois en petit groupe ?

Réponses :
1. Le milan à queue fourchue ;
2. La bondrée apivore (ou buse bondrée) ;
3. La buse de Swainson

Les faucons

▶ Ici, un faucon pèlerin poursuit une hirondelle. Il y a peu de temps, on s'est rendu compte que les faucons pèlerins vivant en ville pouvaient chasser la nuit car ils détectent leurs proies grâce aux lumières citadines !

63 Le faucon pèlerin des pays nordiques migre vers le sud et parcourt de longues distances. Mais, ceux qui habitent des régions moins froides sont sédentaires. Habitant toutes les parties du monde – excepté l'Antarctique, ces faucons sont les plus répandus. Pourtant, ils ont failli disparaître au milieu du XXe siècle, empoisonnés par le DDT (un insecticide). Un programme de protection a permis de les sauver.

62 Le faucon pèlerin peut se déplacer plus vite que n'importe quel animal au monde. Quand il chasse une proie, il atteint les 100 km/h. Mais, lorsqu'il descend en piqué d'une hauteur d'un kilomètre, il peut atteindre la vitesse de 300 km/h voire davantage !

▼ Le ventre du faucon sacre a des marques blanches et foncées alors que celui du faucon d'Éléonore est roux.

Faucon sacre

Faucon d'Éléonore

64 Il existe environ 35 espèces de faucons dont la plupart peuvent voler à très grande vitesse. De taille moyenne, ils ont un corps musclé, des ailes pointues et une queue courte. Ils nichent généralement dans les falaises et pondent plusieurs œufs par couvée. Les faucons se nourrissent d'autres oiseaux et de petits mammifères.

INCROYABLE !

Souvent, la femelle du faucon gerfaut fait des réserves de nourriture près du nid. Lors des grands froids, elle doit piquer la glace avec son bec pour l'atteindre !

▶ D'aspect massif, le faucon gerfaut possède une couche de graisse qui lui permet de survivre lors des grands froids.

65 Habitant les terres gelées près de l'Arctique, le faucon gerfaut est un oiseau très résistant au froid !

Les rapaces vivant près du pôle Nord ont un plumage clair afin de pouvoir se camoufler dans leur environnement enneigé. Ceux qui habitent moins près du pôle ont une robe brune ou grise. D'une envergure pouvant atteindre 1,50 m, ce sont les plus grands faucons. Ils chassent de grosses proies comme des lagopèdes, des mouettes ou des oies.

▼ Le faucon crécerelle passe ses hivers en Afrique et migre en Europe pour y passer l'été. Il se nourrit principalement d'insectes mais chasse aussi des reptiles et des petits mammifères au printemps.

66 Le faucon crécerelle est capable de faire du surplace avant d'attaquer sa proie.

Reconnaissable à leur tête ronde et leurs grands yeux, ces petits rapaces sont différents de la plupart des autres espèces car le mâle est souvent plus coloré que la femelle… contrairement à la majorité de ce genre d'oiseaux !

Éperviers et busards

▼ L'autour vit dans les forêts d'Europe. Il chasse essentiellement des oiseaux malades ou âgés car ce sont des proies plus faciles à attraper.

67 Les éperviers et les autours appartiennent au groupe de rapaces dénommé *Accipiter*. Habitant les forêts, ces rapaces, de taille moyenne, ont des petites ailes arrondies et une longue queue qui leur permettent de voltiger sur de courtes distances. Ceci dit, ils sont très adroits car ils peuvent se faufiler avec adresse entre les branches à la poursuite de leurs proies.

68 La plupart des autours et éperviers chassent des animaux nuisibles à l'homme. En effet, ils sont utiles car ils se nourrissent d'animaux qui endommagent nos cultures. Mais les autours s'attaquent aussi au gibier (comme les faisans que nous élevons pour la chasse) et la volaille – notamment les poulets (une importante source alimentaire pour l'homme). Bon nombre d'autours ont été tués pour cela !

INCROYABLE !

L'épervier brun d'Amérique emmène sa proie vers un perchoir particulier appelé un « étal de boucher ». C'est là que le rapace arrache les plumes ou la fourrure de ses victimes pour ne pas salir son nid !

69 **Des éperviers ont des techniques particulières de mise à mort de leurs proies !** De nombreux rapaces utilisent leurs pattes pour tenir leur victime au sol, tout en la tuant avec leur bec. Mais l'épervier de Cooper capture sa proie avec ses serres et vole jusqu'à ce qu'elle meure. Il lui arrive aussi de plonger ses victimes sous l'eau pour les noyer !

70 **Les busards ressemblent à des éperviers mais leurs pattes et leur queue sont plus longues.** Ils volent souvent au-dessus des champs et des prés, à la recherche de serpents, de grenouilles, d'insectes ou de petits mammifères. Le busard Saint-Martin vit en Europe, en Asie et en Amérique du Nord mais les deux populations diffèrent. Celles d'Amérique du Nord sont généralement nommées les busards des roseaux ou busards harpaye.

La buse noire vit près de l'eau en Amérique centrale.

▶ Les buses ont un corps trapu mais suffisamment fuselé pour voler vite et changer rapidement de direction dans les airs.

La buse à queue rousse d'Amérique du Nord vit dans les bois, les déserts et les montagnes.

71 **L'épervier d'Europe est l'espèce la plus répandue.** Au printemps et en été, on le trouve dans les forêts, les fermes, les bois et les parcs d'Europe et d'Asie. L'hiver, il migre au sud, vers des pays plus chauds. Bien qu'étant assez commun, c'est un oiseau très secret car on le voit rarement. Cependant, si la nourriture se fait rare, il peut s'aventurer dans les jardins à la recherche de petits oiseaux comme les moineaux.

L'épervier d'Europe cache son nid dans les bois.

Les chasseurs de la nuit

72 **La plupart des strigiformes (chouettes, hiboux et effraies) chassent de nuit.** Ils ont d'immenses yeux fixes : en ouvrant grand leurs pupilles, ils sont capables de détecter les faibles lumières, les mouvements dans l'obscurité et les couleurs. Ils peuvent tourner la tête à près de 270 degrés de chaque côté.

INCROYABLE !
Le grand duc d'Europe est un chasseur d'oiseaux de grande taille comme le corbeau et le grand tétras ou de mammifères aussi gros que le lièvre !

73 **Les strigiformes ont des plumes pour mieux entendre et empêcher les autres animaux de les repérer !** Leurs oreilles sont recouvertes de plumes qui dirigent les sons vers le canal auriculaire. Le duvet sur le corps et les pattes leur permettent de se déplacer sans bruit. Les plumes des ailes sont bordées de dentelures qui étouffent le bruit des battements. C'est ainsi qu'ils arrivent à attaquer leurs proies en silence !

▲ Comme la plupart des hiboux, le grand duc d'Amérique est un rapace nocturne : il commence à chasser à la tombée du jour et s'endort au lever du soleil.

◄ Les strigiformes ont trois paupières. La troisième est une membrane spéciale dont se sert l'oiseau pour se nettoyer l'œil.

▶ En analysant le contenu des pelotes de réjection, il nous est possible de connaître le régime alimentaire d'un oiseau de proie.

pelote de la chevêche d'Athéna

pelote du hibou moyen duc

pelote de la chouette effraie

pelote du milan royal

74 **Le grand duc d'Amérique a une envergure de presque 2 mètres.** Ce sont les plus grands strigiformes qui s'attaquent aux autres oiseaux pour s'approprier leur territoire. La chevêchette des saguaros (ou chevêchette elfe) est l'une des plus petites chouettes, avec une envergure d'à peine 15 cm !

76 **Le régime alimentaire des hiboux et chouettes est principalement constitué d'insectes, d'oiseaux, de chauves-souris ou de poissons...** Ils avalent souvent leurs proies en entier mais ils ne peuvent pas en digérer les parties dures comme les os, la fourrure ou les plumes. Après les avoir ingurgités, ils les recrachent sous forme de pelote. Cette pelote de réjection met environ sept heures à se former.

75 **La plupart des rapaces construisent leur propre nid mais ce n'est pas le cas des chouettes ni des hiboux :** ils utilisent les nids abandonnés par les autres oiseaux ou pondent leurs œufs dans un arbre creux, dans un trou au sol ou à l'intérieur d'un bâtiment en ruine. Les strigiformes pondent jusqu'à sept œufs par couvée.

▶ Nid de chouettes hulottes dans un arbre creux. Elles pondent de 2 à 6 œufs par couvée et les jeunes au plumage duveteux ne quittent leur mère qu'à l'âge d'un mois environ.

Au travail...

77 **Les rapaces peuvent être dressés pour aider les hommes dans leur travail !** Existant depuis 2 500 ans, cet art s'appelle la fauconnerie. Au départ, on se servait probablement des rapaces pour attraper des oiseaux destinés à la consommation humaine. Dans certaines régions du monde, capturer des oiseaux sauvages pour le dressage est interdit ; les rapaces sont donc élevés dans cette intention.

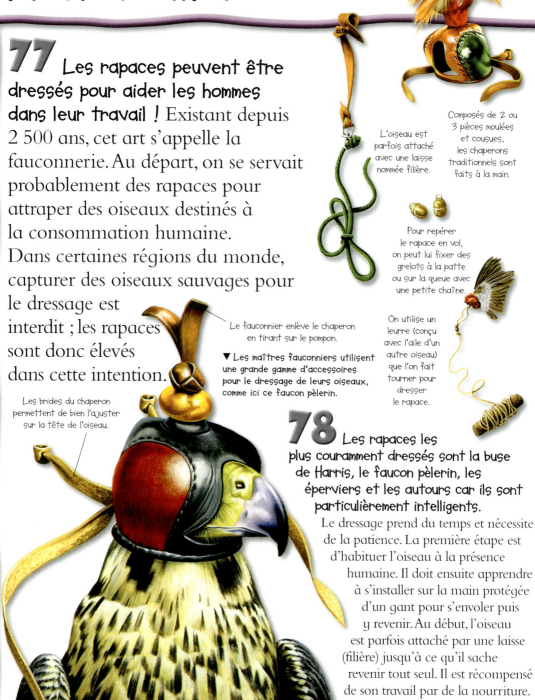

L'oiseau est parfois attaché avec une laisse nommée filière.

Composés de 2 ou 3 pièces moulées et cousues, les chaperons traditionnels sont faits à la main.

Pour repérer le rapace en vol, on peut lui fixer des grelots à la patte ou sur la queue avec une petite chaîne.

On utilise un leurre (conçu avec l'aile d'un autre oiseau) que l'on fait tourner pour dresser le rapace.

Les brides du chaperon permettent de bien l'ajuster sur la tête de l'oiseau.

Le fauconnier enlève le chaperon en tirant sur le pompon.

▼ Les maîtres fauconniers utilisent une grande gamme d'accessoires pour le dressage de leurs oiseaux, comme ici ce faucon pèlerin.

78 **Les rapaces les plus couramment dressés sont la buse de Harris, le faucon pèlerin, les éperviers et les autours car ils sont particulièrement intelligents.** Le dressage prend du temps et nécessite de la patience. La première étape est d'habituer l'oiseau à la présence humaine. Il doit ensuite apprendre à s'installer sur la main protégée d'un gant pour s'envoler puis y revenir. Au début, l'oiseau est parfois attaché par une laisse (filière) jusqu'à ce qu'il sache revenir tout seul. Il est récompensé de son travail par de la nourriture.

79 **Les rapaces ont été utilisés pour éliminer les pigeons des lieux publics.**
Les excréments des pigeons endommagent les bâtiments et peuvent propager des maladies. Sur la demande de la municipalité, les fauconniers et leurs oiseaux allaient près des centres-villes pour empêcher les pigeons de nicher à proximité. Dès qu'un rapace vole au-dessus d'eux, tous les pigeons fuient !

> **OBSERVE-LES**
> Dans certains parcs naturels ou réserves, tu peux observer les fauconniers faire des démonstrations de dressage. Tu pourras alors constater qu'il existe une vraie complicité entre l'homme et l'oiseau !

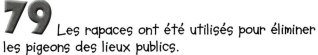

80 **Les rapaces aident les cultivateurs à chasser les oiseaux nuisibles.**
Les cultures de fruits attirent des oiseaux, comme les étourneaux par exemple. Nombreux, ils peuvent anéantir toute une récolte ! Plutôt que de couvrir les arbres et arbustes de filets onéreux ou d'utiliser des produits chimiques, les cultivateurs demandent aux fauconniers et leurs rapaces de faire peur aux petits oiseaux.

81 **Les faucons peuvent patrouiller dans les aéroports pour éloigner les groupes d'oiseaux des avions.**
Si des oiseaux pénètrent dans les moteurs d'un avion, ils peuvent causer de gros dégâts et même présenter un danger. Les aéroports utilisent parfois le cri des rapaces pour les faire fuir !

▶ Effrayant les petits oiseaux, les faucons ont prouvé leur efficacité dans les aéroports.

Les oiseaux de légende

82 Tout au long de l'histoire, les hommes ont toujours été fascinés par les rapaces. De nombreuses légendes racontent leur puissance et leur pouvoir. Par exemple, les Amérindiens parlaient d'oiseaux-tonnerres (énormes créatures qui provoquaient des tempêtes en battant des ailes) et de l'homme-aigle, un démon à tête d'homme dont le corps et les ailes étaient ceux d'un aigle.

▲ Les sculptures en bois des Amérindiens représentaient souvent des oiseaux-tonnerres aux yeux et au bec énormes.

▲ Une pièce de la Grèce antique représentant un hibou.

83 Le malheureux Prométhée est un personnage de la mythologie grecque. Il vola le feu à Zeus, le père des dieux, et le donna aux hommes. Cela mit Zeus dans une telle rage qu'il enchaîna Prométhée à un rocher et ordonna qu'un aigle dévore son foie tous les jours. Le soir, son foie repoussait, le condamnant à des souffrances sans fin.

84 Dans l'Égypte ancienne, Horus était une divinité à tête de faucon, vénérée comme étant le dieu du Ciel. La légende raconte que l'œil droit d'Horus était le Soleil, son œil gauche la Lune (qu'il perdit lors d'un combat avec Seth). Réparé par Thot, son œil devint un symbole de protection. Voici plus de 2 000 ans, les adorateurs d'Horus construisirent l'immense temple d'Edfou pour lui rendre hommage. Il est aujourd'hui l'un des temples les mieux conservés, sur les rives du Nil en Égypte.

◀ Les représentations du dieu Horus couvrent les murs des temples et des sanctuaires de l'Égypte ancienne.

INCROYABLE !

Un poète grec de l'Antiquité mourut quand un aigle eut fait tomber une tortue sur sa tête. Voulant casser sa carapace, le rapace prit sans doute le crâne chauve de l'homme pour une grosse pierre !

85 **Une légende de Finlande raconte comment un aigle créa la Terre et les cieux.** Une femme, prénommée Luonnotar, flottait dans un immense océan lorsqu'un aigle fit un nid sur son genou et y pondit ses œufs. Mais le nid tomba et les œufs furent brisés. Les coquilles formèrent les cieux et la Terre, les jaunes devinrent le Soleil et les blancs, la Lune.

▶ Les griffons représentaient le pouvoir divin : ils gardaient un trésor ou protégeaient des démons.

86 **Les griffons sont des figures mythiques et légendaires d'Asie et d'Europe.** Ces créatures étaient souvent représentées comme des lions à tête d'oiseaux de proie, notamment des aigles.

Observation et identification

87 **L'étude des oiseaux s'appelle l'ornithologie.** Les ornithogues passent leur temps à observer les oiseaux dont ceux de proie. Ils utilisent des cachettes (faites de branchages, herbe ou de matériaux discrets) pour regarder le comportement ou la migration des rapaces sans les déranger.

▲ Un rapace est attrapé dans un filet japonais. Après l'avoir étudié puis relâché, les scientifiques auront récolté de nombreuses données sur l'oiseau.

88 **Observer les rapaces est un loisir pour nous... mais pour les scientifiques, c'est un travail de longue haleine :** ils recueillent des informations sur des années, permettant de connaître leur mode de vie, leur migration et leur reproduction. Ce travail peut servir à suivre l'évolution des populations des rapaces dans les différentes parties du monde.

89 **On met sur certains oiseaux de proie des bagues pour suivre leurs déplacements.** Capturés dans des filets japonais, les oiseaux sont attrapés en vol sans leur faire de mal. Après avoir relevé l'âge, le sexe et la taille de chaque rapace, les scientifiques leur posent une bague autour de la patte ou leur attachent une étiquette sur les ailes pour pouvoir les identifier.

▼ Sur cette photo, des milans royaux sont étudiés par les scientifiques à partir d'une cachette. Les amateurs utilisent généralement des jumelles ou des longues vues sans les déranger.

ORDRE DES FALCONIFORMES

Famille	Nombre d'espèces	Exemples
Accipitridae	236	milan, autour, buse, busard, aigle, vautour de l'Ancien Monde, épervier
Falconidae	64	faucon, fauconnet, faucon merlin, caracara, faucon crécerelle
Cathartidae	7	vautour du Nouveau Monde
Pandionidae	1	balbuzard pêcheur
Sagittaridae	1	messager sagittaire

ORDRE DES STRIGIFORMES

Famille	Nombre d'espèces	Exemples
Tytonidae	21	chouette effraie, phodile, effraie du Cap
Strigidae	159	chevêche des terriers, grand duc d'Amérique ou d'Europe, hibou pêcheur, hibou moyen duc, harfang des neiges, chouette épervière

90 Identifier les oiseaux de proie n'est pas si facile. Pour discerner l'espèce d'un rapace, non seulement il faut bien observer la forme des ailes, de la queue et de la tête mais aussi les couleurs et les motifs du plumage. Quand on s'y connaît bien, on peut déterminer le sexe de l'oiseau et s'il s'agit d'un jeune ou d'un adulte. La façon dont vole un rapace apporte également des indications.

▲ Les chouettes et les hiboux appartiennent à l'ordre des strigiformes. Tous les autres rapaces sont appelés des falconiformes.

PRENDS DES NOTES
Si tu observes un oiseau que tu ne reconnais pas, essaie de le dessiner puis note sur un carnet sa taille, la forme de ses ailes et de sa queue, son comportement et le type d'habitat dans lequel tu l'as vu. Puis essaie de l'identifier à l'aide de livres ou de sites Internet sur l'ornithologie.

Rapaces en danger

91 **Les oiseaux de proie ont peu de prédateurs mais l'homme présente un grand danger pour eux.** Presque la moitié des espèces de rapaces migrateurs est menacée d'extinction. La plupart meurent car nous les chassons ou détruisons leur habitat !

92 **Les rapaces sont tués car certaines personnes les croient nuisibles.** Hormis le fait que les hommes les abattent à la chasse, ils mettent aussi du poison à l'intérieur de la nourriture afin que les oiseaux la mangent. De plus, des rapaces et leurs œufs sont capturés pour être vendus à des collectionneurs ou des fauconniers.

▼ La nuit, la chouette effraie peut être désorientée par les lumières des routes et heurter un véhicule. En volant, certains rapaces se font aussi happer par des camions ou des voitures circulant à très grande vitesse.

Œuf normal   Œuf empoisonné

INCROYABLE !

Même sans l'intervention de l'homme, la vie d'un rapace peut être menacée : en volant dans la végétation à la poursuite d'une proie, il peut se casser un os. Une étude a montré qu'environ un quart des oiseaux étaient victimes de ce genre d'accident !

▲ Quand les rapaces femelles mangent de la nourriture empoisonnée en petite quantité, le poison atteint les œufs en formation à l'intérieur de leur corps.

93
Les pesticides utilisés dans l'agriculture ou les résidus industriels tuent les rapaces et détruisent leur habitat. Après avoir mangé une proie intoxiquée par ces produits chimiques, les rapaces meurent ou ne peuvent plus se reproduire : certains de ces produits empêchent la coquille d'œuf de se former correctement et donc de donner naissance à des oisillons !

95
En Afrique, la population du bateleur des savanes diminue dangereusement. Ces oiseaux luttent pour survivre car leur environnement naturel est transformé en champs de culture. Certains exploitants agricoles y mettent des pesticides et autres produits chimiques qui empoisonnent bon nombre de ces rapaces.

▶ Le bateleur des savanes est gêné pour construire son nid car les êtres humains se sont installés trop près de son habitat naturel. De plus, cet oiseau est capturé pour être vendu à l'étranger !

▶ Ce jeune vautour indien devient très rare car c'est une espèce menacée.

94
Notre environnement est menacé quand le nombre de charognards diminue. En effet, les vautours et autres charognards limitent la propagation de maladies en mangeant les carcasses d'animaux qui se décomposent. Trois espèces de vautours asiatiques sont en voie d'extinction : lors de ces dix dernières années, des millions de ces oiseaux ont été empoisonnés par un pesticide destiné à traiter les animaux d'élevage.

Protection des espèces

96 L'aigle des singes est devenu l'un des rapaces les plus rares mais de nombreuses initiatives tentent de le sauver. Vivant aux Philippines, c'est le plus grand de tous les aigles. Son habitat a été transformé en champs de culture ou en terrains d'exploitation de minerai. Il ne reste que 250 couples reproducteurs dans la nature mais les scientifiques ont réussi à les reproduire en captivité… Aujourd'hui protégé par la loi, son territoire, ses nids et ses œufs sont surveillés.

▲ Malgré les efforts de protection de l'aigle des singes, il est sans doute trop tard pour que l'espèce survive dans la nature !

▶ Le condor de Californie a connu un taux de mortalité massif après avoir mangé des animaux abattus avec des balles en plomb, un poison quand on l'ingère.

97 De nombreux organismes existent pour protéger les oiseaux… Par exemple, BirdLife International est une association qui opère dans plus de 100 pays. Elle aide les agences locales de protection à sauvegarder l'habitat des oiseaux et sensibiliser les personnes au respect de l'environnement.

98 Le condor de Californie est un vautour qui a failli disparaître. D'une envergure de presque 3 m, il se reproduit vers l'âge de 9 ans et ne donne naissance qu'à un oisillon tous les deux ans. Vivant autrefois sur l'ensemble du territoire des États-Unis, il ne restait que 22 oiseaux dans les années 1980. Tous ont été mis en captivité et depuis, ils se sont reproduits dans des zones protégées. Certains ont été relâchés dans la nature.

99 Dans de nombreux pays, les oiseaux de proie en voie d'extinction sont protégés. Il est illégal de les chasser, de les capturer ou de les empoisonner. Lorsque des rapaces protégés ont des petits, le lieu des nids reste secret et des bénévoles les gardent parfois pour s'assurer que les œufs ne soient pas volés. Dans certains endroits, l'habitat des oiseaux est protégé et les forêts ou les bois ne peuvent pas être transformés en zones de culture ou d'habitation.

100 Il existe 24 espèces de rapaces sur l'île de Madagascar dont la moitié n'existe nulle part ailleurs. Des campagnes ont été menées pour protéger leur habitat, notamment dans les espaces protégés où vit le pygargue de Madagascar. D'autres projets similaires, intitulés « Programmes de survie des espèces », ont été mis en place sur l'île.

▲ Nourrir un jeune rapace est extrêmement difficile. Pour cela, on utilise un leurre afin que l'oisillon croie que c'est un de ses parents qui s'occupe de lui !

▼ Quand c'est possible, les oiseaux élevés en captivité ou soignés pour blessures ou maladies sont relâchés dans la nature. L'envol de ce pygargue à tête blanche est un moment de fête pour les passionnés d'oiseaux et une récompense de tous leurs efforts !

Index

A
Accipiter 34
aigle d'Australie 12, 25
aigle de Haast 13
aigle des singes 46
aigle pomarin 19
aigle royal 8, 15, 18, 20, 28
aigles 6, 8–9, 12–13, 15, 18–19, 20, 25, 28–29, 40, 41, 43, 46
ailes 6, 8–9, 12–13, 14–15, 21, 24, 27, 28, 30, 31, 32, 34, 36, 38, 40, 42–43
Argentavis 13
autours 18, 34, 38, 43

B
bagues 42
balbuzard pêcheur 11, 16, 21, 24, 43
bateleur des savanes 45
becs 8–9, 20–21, 22–23, 24, 26, 28–29, 30–31, 32, 35, 40
BirdLife International 46
bondrée apivore 31
busard des roseaux 35
busard harpaye 35
busard Saint-Martin 35
busards 35, 41
buse à queue rousse 35
buse bondrée 31
buse de Harris 11, 38
buse de Swainson 19, 31
buse féroce 7
buse noire 35
buse variable 13, 31
buses 7, 11, 13, 19, 20, 31, 35, 38, 43
Buteo 31

C
charognards 6, 9, 22–23, 45
chevêchette des saguaros 37
chevêchette elfe 37
chouette effraie 11, 21, 43, 44
chouette hulotte 21, 37
chouettes et hiboux 11, 13, 20, 21, 36–37, 43, 44
circaète Jean-le-Blanc 27
condor de Californie 46
condor des Andes 12
condors 12–13, 46
courants ascendants 12, 15, 18, 28

E
épervier d'Europe 35
épervier de Cooper 35
éperviers 34–35, 43

F
falconiformes 43
faucon crécerelle 14, 19, 33, 43
faucon d'Eléonore 32
faucon émerillon 17
faucon gerfaut 9, 18–19, 32–33
faucon hobereau 14
faucon merlin 43
faucon pèlerin 10–11, 17, 18–19, 32, 38
faucon sacre 32
fauconnerie 38–39, 44
fauconnets 12–13
faucons 9, 10–11, 14, 17, 18, 20, 32–33, 38–39, 43
filets japonais 42

G
grand duc d'Amérique 36–37, 43
grand duc d'Europe 12–13, 36, 43
griffon 41
gypaète barbu 22–23, 25

H
habitat 10–11, 44–45, 46–47
harfang des neiges 10, 43
harpie féroce 28–29
Hawk Mountain 18
homme-aigle 40
Horus 40

L
Luonnotar 41

M
marabout d'Afrique 22
messager sagittaire 26–27, 43
migration 10, 18–19, 31, 33, 35, 42, 44
milan à queue fourchue 30
milan des marais 24
milan noir 30
milan royal 30, 42
milans 24, 30, 42–43

N
nids 7, 11, 14, 16–17, 30, 32, 34, 37, 45, 46–47
nourrissage 47

O
observateurs d'oiseaux 18, 39, 42–43
œufs 16–17, 23, 32, 37, 44, 46–47
oiseau-tonnerre 40
oisillons 7, 16–17, 37, 45, 46
ornithologie 42–43

P
palmiste africain 24
pelote de réjection 37, 28
plumes 8, 14, 16–17, 21, 22–23, 26–27, 29, 33, 36, 43
produits chimiques 32, 39, 44–45
Prométhée 40
pygargue à queue blanche 9, 10, 12
pygargue à tête blanche 28–29, 47
pygargue de Steller 10

S
sarcoramphe roi 22
secrétaire 26–27
serpentaire 26–27, 29
serres 8, 9, 15, 20–21, 24–25, 26, 28, 31, 35, 36
spicule 25
squelette 14
strigiformes 36–37, 43

U
urubu à tête rouge 9, 19, 23
urubu noir 21

V
vautour fauve 23
vautour indien 24–45
vautour oricou 22, 23
vautour percnoptère 9, 23
vautours 6, 9, 11, 15, 17, 22–23, 24, 29, 43, 45, 46
Veracruz 19
vol 7, 8, 9, 12, 14–15, 18, 21, 23, 30, 35, 36
vol Saint-Esprit 14

Y
yeux 8, 19, 24, 36